Sonja Hald

KLÆK

SONJA HALD - KLÆK
© 2016 Sonja Hald

Layout: Ole Holmgaard
Bogen er sat med Minion Pro

Forlag: Books on Demand GmbH, København, Danmark
Tryk: Books on Demand GmbH, Norderstedt, Tyskland

ISBN 9788771887952

1. Udgave. 1. Oplag

DEL I - 'VÆKSTPLANEN'

DEL II - 'KLÆK'

FORORD
af Telestjernen

Kære læser

Klæk, sagde det og jeg tænkte straks på Piet Hein og Gruk: "Den som kun ta'r spøg for spøg og alvor kun alvorligt, han og hun har faktisk fattet begge dele dårligt."

Umiddelbart efter tænkte jeg hønserøv. Og så æg. Hvide hønseæg – altså dem uden protoporphyrin, der afgør æggets brunlige nuance. Sådan et æg på størrelse med et dagplejebarns uskyldige knytnæve. Jeg tænkte bestemt ikke på et industrielt produceret æg. Nææh, sådan er Sonja ikke! Et æg må gerne komme ud af en høne, der har haft det godt. En høne må gerne have haft plads til at udfolde sig på, have spist sundt og rigtigt og – ikke mindst – have taget sig tiden til at planlægge hvor netop det næste æg skal lægges. Sådan lidt hjemme-fødselagtig. Sådan er Sonja.

Og når så ægget er klækket – kære læser – og kyllingen, der har haft de bedst tænkelige vækstbetingelser, nu engang er vokset op in the middle of nowhere, da indser den, at verden ikke er et simpelt sted at være og at der derfor også er brug for både spøg og alvor. Det er ganske enkelt nødvendige ingredienser: Livet er både til at græde og le over.

Sådan er Sonjas tekster også!

For netop de elementer er hjørnesten i Sonjas tekstkarusel, der i øvrigt blev kickstartet i en gammel gymnastiksal, ved et nedslidt skolebord, bag en håndvarm Hancock og under et hjemmestrikket slumretæppe. Jeg ved det, for jeg har selv luret på Sonjamanden i de timer, hvor ordene fik vinger og fløj ud i salen og tilbage på papiret fra en rede af et skæg, som ingen har set mage til siden Ole Sørensen fra Langeland ramte sendefladen den første gang. Ord som – ved første øjekast – måske kan være svære at gribe ud efter og forstå den umiddelbare mening med nu og her.

Og så alligevel!

I et drømmesyn – forleden nat – fik jeg en åbenbaring. Jeg sad lige udenfor Sø- og handelsretten og spiste drømmekage. Der så jeg Sonjamanden igen. Han gik hånd i hånd med alvor og humor og det var herligt. Han stoppede op, så på mig og sagde: "Rapanden Papand – man skal tænke her, min ven!" og det gav jeg ham ret i.

"Du efterlader umiskendeligt noget særligt i rummet. Og Næstved. Hvad mere kan man drømme om?", sagde jeg. "En æggesnaps måske, men bevares – de hænger jo heller ikke på bøgetræerne!", sagde Sonjamanden. Vi lo, nynnede en åndssvag melodi og Sonjamanden gik bort. Med alvor i den ene hånd og humor i den anden. Han var klædt i sort, som en kold finansminister, men han var sød som en sukkerelefant. Ikke et slips med bare tæer, kære læser. Bare ren hjerte. Fremmed. I natten. Havde jeg mødt en profet? Ved det ikke.

Anyway!

Jeg vil ikke lægge ord i munden på dig kære læser, da jeg nødigt vil afsløre mig selv og mine klækkelige svagheder for hårdt, for som Mogens Møller siger: "Sig mig, hvad du ler ad, og jeg skal sige dig, hvem du er!" Lad os afrunde dette forord med en omskrivning af et svensk Toblerone-slogan:

"Det siger bare, klæk!"

– Telestjernen

DEL I

VÆKSTPLANEN

VÆKSTPLANEN

Vi har hængt os i en galge
vi har hængt os i bagatellerne
pistolen for panden
for vores eget bedste går vi planken ud

for man ka' altid sprælle i sit sikkerhedsnet
der er altid smæk for en kælling
hvor man hæver sin check
de dyre råd er rådne
og de rådne dyr er døde
man må æde hvad man kan
hvis man ikke kan arbejde for sin føde

der er noget galt i Danmark
Michael Kvium maler helt af helvede til
laksen er røget
og nu glider den med strømmen igen

så det hænderne op
og bukserne ned
så er fuglen fandme fløjet
og der lort på dit tag

koen går på isen
træhesten står på kongens torv igen
der er skudt noget i skoen
der er skudt på papegøjer
der er skudt på stegte duer

grimt barn har ingen navne
og munden fuld af mel
og vil blæse på det hele
men må sluge en kamel
der er ingen roser uden torne
der er ingen hunde uden røv
der er lidt lunken bollemælk
til dem der er løsladt på prøve

så det hænderne op
og bukserne ned
spørg en druknende mand
hvor langt der er ind til land

DU KA' DØ AF DET DER

Tagrenden er knækket
og vi er gledet fra hinanden
er det samfundets skyld
at vi er havnet med hovedet i spanden?
du har fisket med orm
men nu er du fandme gået fra forstanden
du har pisset i søen
nu kravler fiskene selv op af vandet

kom nu ned og få noget saftevand
det er skide farligt det du laver der
kom nu ned og få noget saftevand
jeg gider faktisk ikke lege mere
du ka' dø af det der
du sku´ hellere la' være
du ka' dø af det der

du har ringet med klokken
og du har nægtet at gi´en omgang
du har hævet i banken
mens din bil den har holdt i tomgang
skindet er solgt
og bjørnen den går rundt og fryser
du bli´r syg af det pis
det er derfor du går rundt og nyser

kom nu ned og få noget saftevand

din mor har ringet
du må ikke lege uden jakke i det vejr
du ka' dø af det der
du sku´ hellere la være
du ka' dø af det der

JEG VIL HJEM IGEN!

Jeg har stået ved en afgrund alt for længe
med udsigt herfra og til Pompeii
jeg har øvet mig i at blive svimmel
men nu går det ganske langsomt op for mig
at herfra hvor jeg står, kan jeg ikke se en skid
og det vil jage mig langt ind i helvede
at jeg har brugt så meget tid

nu ta´r jeg hjem igen

jeg har stået her og sunget
ved min elskedes vindue natten lang
jeg har leveret smukke vers af Michael Strunge
men ud på morgenstunden er det en klagesang
jeg danner kontrast
behøver ingen camouflage

nu ta´r jeg hjem igen

jeg har levet mit liv i et tåbedømme
jeg er kun en lille smule sur og uden varigt mén
og hvis min postkasse trænger til at tømmes
så henvises der til teksten på min gravsten

nu ta´r jeg hjem igen
jeg vil ikke være her mere

DIT ÅRHUNDREDE

Kalle Kamel har ingen pukler
i et rosenflor af purunge piger
det er fugls føde når man er fisker
det er et jagtselskab for statsministre

det er babelstårn med lås og hængsler
anonyme vers i åbne fængsler
det er en kønsforræders evige klage
det er tissemænd med hejste flage

det er fuglefoder til en sulten tiger
det er feriepenge til en falden kriger
det er for et job i en Bunker man stiger i gage
for små femogtyvetusinde kroners spionage

det' et offer for en samlers gamle hænder
et mægtigt gilde til bords med fjender
om fjorten dage er det dit århundrede

SØ- & HANDELSRETTEN

Det ringer på vores hoveddør
der står et slips med bare tæer
som så mange gange før
han spø´r om vi vil med ham ud og bade
hos Sø- & Handelsretten ude på Amaliegade

vi holder pause
vi tænker os om
der er noget galt her
men hjernen den er tom
han flækker og han trækker på et grin
der ser ud som var det fanden
med næsen fuld af kokain

så vi siger nej tak
du skal ikke komme her mere
vi har venner nok
og vi skal ikke have flere
du er søens mand
vi er vokset op på land
men det er OK
du' velkommen til at få
vores CPR-numre

det banker på vores hoveddør
der står en nøgen mand
med badering og brudeslør
han siger han er spiritualist
og at vi bare skal skrive under
men han er tydeligvis jurist

Så vi siger nej tak

BØGETRÆET

Jeg hører lyden af en mand der ik' kan dø
han sidder under et bøgetræ
og lytter roligt til cikadens sang

han siger ikke noget
hans ord er begravet
på rækker under gravstene
hvorpå der kun står skrevet et farvel

farvel min elskede - farvel

jeg hører lyden af en fugl som ik' kan flyve
den sidder højt op' i et bøgetræ
fløjter roligt til cikadens sang

den synger ingen sange
der er ingen tilbage at synge for
en efter en fløj de bort; til den samme sang
der kun sang et farvel

farvel min elskede - farvel

de er alene
de må hvile i sig selv
og alt hvad der blinker - det glimter
i lyset af dem

farvel min elskede – farvel

DYSPLASI

Nu ruller natten ind med våde grin
og paraplyen lukkes ind i entreen
de bare tæer er ikke sure mere
her dufter dejligt feminint

nu drejes hatten af sin knastørre lim
og molekylet søger sig en ny form
de lange arme blafrer vingeløst rundt
prætentiøst og uden loft

det er så dejligt med et bål
indtil der går ild i noget andet
men vi er på meget sikker afstand
faktisk er det svært at sige om vi er helt her

vi går nøgne rundt i æterens bad
nattens ulve på akkord
det er en mening der har slået pusten ud
og La Fontaine er gået i sort

det er så dejligt med et bål

og når vi dør så er vi mætte af liv
og gode tanker er selvstændiggjort
og kommer med et gavekort
til meget mere fantasi
til meget mere dysplasi
til meget mere af det samme
som slog pusten ud og gik i sort

MARIAGER FJORD

Nu har vi taget røven på os selv igen
med tarteletter og arnbitter, på kassekreditter
der er så meget, som vi ikke forstår
som hvem holder hvem for nar
hvem gi´r - og hvem fanden er det
der hele tiden ta´r

vi har taget fri fra psykiatrien
faldet ned mellem sprækkerne
for at finde melodien
men det er vores hjerner og dem vasker vi selv
og når det hele går galt
og det gør det som regel
så pakker vi en kuffert
og flytter et par dage op til
Mariager Fjord
det lykkelige nord

nu er vi gået over grænsen igen
vi nåede ikke toget og taler ikke sproget
der er så meget som vi ikke kan nå
som de helt lange svar
og den tid det ta´r, at bli´ klædt ordentlig på

nu har vi taget fri fra filosofien
vi tror på buler, blå mærker og lysttyveri
vi spiller et brætspil, slår hinanden hjem
og når det hele går galt
og det gør det som regel
så pakker vi en kuffert
og flytter et par dage op til
Mariager Fjord
det lykkelige nord

vi stikker lidt i øst og vest
det er ude på kanten
at vi har det bedst
og det er ok at sige
at vi skal holde vores kæft
for vi har pakket hele lortet
og flyttet permanent op til
Mariager Fjord
det lykkelige nord

PIPFUGL

Det ringer ind i skolegården
det ringer ind i kirken
der råbes vagt i geværet
ind i geled og så kan du lære det
må jeg for helved' ik' bare selv stå her og råbe
når jeg keder mig ihjel
eller synes noget er for tåbeligt?

der er gift i min tænder
der er lort i mine bær
der er numre i mit saftevand
altid en nitte
det går over min forstand
kan jeg for helvede ik' bli' fri
for atomaffaldsvarer?
skal jeg helt ud i skoven
for at være uden for fare?

det lugter af fis i mit hus
der er døde planter i min bil
der er huller i partiorganerne
der er huller i fremtidsplanerne
kan jeg for helvede ik' blive fri
for det ressourcerytteri?
der er låg på gryden
men det koger stadig indeni

jeg har gået alt for stille
med dørene, nu klapper
fælden om min rævefod
jeg går ud med et brag
og I vil huske mit navn
og at pipfugl altid har været
mit motto

UANSET NAVN

Jeg har fulgt dig på afstand
gået i dine fodspor
jeg har ligget på lur
foran din kirke
og efter hver gudstjeneste
har jeg pudset min glorie

jeg kan høre dig derinde
jeg kan høre din stemme
men du kommer aldrig til mig

det vrimler med tosser
med lange kirkeklokker
der ringer ind, endnu en brud
men jeg vil stå her alene
til mine arme bli´r til grene
og mine fødder slår rod

jeg kan høre dig derinde
jeg kan høre din stemme
men du kommer aldrig til mig

jeg har hørt dig i baren
og på pengeinstituttet
stå og kalde på nogen
jeg har hørt dine træsko
på hospitalsgangen
mon du venter på nogen?

jeg kan høre dig derinde
jeg kan høre din stemme
og du kalder, du kalder på mig

LINE KOLDING

Du har lagt en plan, pakket ind i cellofan
og så ringer jeg en gang i måneden
så vi kan passe på hinanden
du læser medicin
og du snakker over et glas rødvin
om sikker sex og disciplin
og det er på tide at jeg får penicillin

nu har du gift´dig med
nok den rareste mand nær Næstved
og man sagde lige ved og næsten
men nu har du slået manden ned af hesten

Line Kolding
nu er min lille pige endelig blevet stor
og det er med begge ben i næsen
og med foden under eget bord
Line Kolding
jeg ta'r hatten af
det er fandme godt gået
men hvis livet var en gøglerskole
så var du aldrig blevet til noget

du ligger som du har redt
og det er vist ikk´ så galt
og du har tjekket for regnorme i sengen
det er ganske normalt
og hvad så nu min tøs?
nu går jeg hen og bliver lidt nytteløs
men hvis vi to holder ud
så det fandme pot og pande
og det hele er af guld

for de lige børn de leger bedst
de skæve de' sat til hest
når lykken er den gode ven
så kommer jeg tilbage igen

FUGLEFÆNGER
(af Ove Dahl)

Fik du nogensinde tænkt over de ting du sagde
da du langsomt lod dit hoved falde tilbage?
fik du nogensinde tænkt om der var et vi
da du langsomt lukkede dine øjne i
dine nattergale tunge tanker
i din fuglefængerfantasi
da spilledåsefjederen knækked´
og sangen var forbi?

og alt der var tomt det åbnede sig for dig

hvad mon du tænkte da du kom herned
og slog øjnene op med en frygtløshed?
hvad mon du vidste, da du trådte ind
og pludselig stod i dit gode skind
og med nattergale nye tanker
med fuglefængerfantasi
ny musik til gamle tekster
en enkelt melodi?

og alt der var tomt det åbnede sig for dig

fugletræk i sommernatten
fugletræk en sommermorgen
der kommer altid en ny dag
der kommer altid en ny dag

DEL II

KLÆK

KLÆK

I vores æggebakke
med den store TV-Pakke
holder vi os til
det rykker ik' en tomme
ved vores æggeblomme
om vi vender op
eller ned

bare vi kan være ligeglade
så er vi glade for det

vi ku' ende vores dage
i en pandekage
og sige det var det
vi ku' prøve på at lette
men vi er alt for mætte
og bange for
at vi sku' falde ned

så bare vi kan være ligeglade
så er vi glade for det

Vi er voksne når vi klækkes
i et hus med fire hække
vi kan sige ja, måske måske
og det ved jeg sørme ikke
når dagen den er omme
er vi fede og så fromme
at vi plukker vores egne fjer
og venter Herrens komme

hurra
halleluja

Vores kroppe de er hule
benløse fugle
fyldt med Cipramil®
vi passer i maskinen
i køen til vaccinen
står vi med det helt store smil

for bare vi kan være ligeglade
så er vi glade for det

KASKADERNE

Han er det tordenvejr der driver
men når aldrig helt til land
han er et lille dyr som bider
og som gør en Spiderman

han er en lille mis der hvæser
som en løve brøle kan
han er den stille mand der læser
alt af Margot Anand

han er en kold finansminister
og han har lige solgt sit land

han gir' ikke op
han kan ikke stoppe
han vil blive til noget
han ruller med kaskaderne
leder kanonaderne
og nu er han gået
amok

ROSALINDES HJERTE

Anne-Mette Jensen blev født på Kattegat
og drev i land lidt uden for Grenå
hun voksede op i kollektiv
som et almindeligt individ
ingen bemærkede
at hun var lavet af plastik

hun blev gravid med en befalingsmand
som døde i Afghanistan
nu alene med en nyfødt pige

Rosalinde blev hun døbt
og i en kjole blev hun svøbt
og så var hun en rigtig pige

Rosalindes hjerte
skal trækkes op med snor
Rosalindes hjerte
kan ikke mærke spor

Rosalinde voksede op
fik et job og strøg til top
hvor hun ikke længere følte sig mærkelig
med sit rosarøde smil
gik hun beslutsomt ud i krig
for at redde hele verden fra terror

Lille plastik hjerte
lavet i Europa
lille plastik mund
kysser ikke nogen

Rosalindes hjerte
er nødvendiggjort
Rosalindes hjerte
mærker ikke spor

DEN GALE VEJ

Hvor blev det af
vores hjerteslag
vi to slår ikke længere i takt
så er det sagt
det er en optakt
til en nedtælling

vi har slået det op
på vores køleskab
at plejer er død
og det er ik' noget tab
så er det forfra
og om igen

Jeg tror vi er gået
den gale vej
følger du mig?
eller følger jeg dig?

er vi mon faret vild i skoven?
er det mon nu
vi går på rov?
for jeg vil ha' mere af dig
og du vil ha' mere af mig
tilbage

Vi har leget med ild
og vi har tisset i sengen
vi har solgt vores børn
så vi kan arbejde længe
og det er med tilskud
til et sammenbrud

vi har ladet det stå
som burde falde
vi har taget vores drømme
og delt dem i halve

så er der mere tid
til så meget andet

MONA MONA MONA

Mona Mona Mona
er der ild i tobakken?
du er så farlig
du er så skæv
du er så fri
og jeg tror
at du kan mærke
den nye verden
du er en blomsterkronet dronning
jeg er din bi

Lige nu
der ligger vi og drømmer
i en verden som vi holder
hemmelig
for om lidt
der kommer de
og tar' os
så vi kan bli'
så fandens
lykkelige

Mona Mona Mona
der er ild i din frakke
så har vi balladen
ude på Staden
og det klæder dit smil
og du boller lidt med Karsten
og du kysser lidt med Nina
du er en ulv
i menneskekælder
og jeg
er et svin

Mona Mona Mona
du er en regnbuehinde
du er en mand og en kvinde
du er mit melatonin

STÅLSAT

Kan du mærke da du selv
blev spist op af dit held
og alt fik samme smag?

Kan du mærke da du løj
jorden rystede der kom røg
og alt blev sort og hvidt?

Kan du stadig mærke tryggene
fra hænderne bag ryggene
og dine tårekanaler tørre ud?

Kan du stadig mærke angsten
der stod mellem dig og chancen
og kunne have reddet dig
fra syndefald?

Stålsat er hvert et sværd
formørket er hjertet af begær
kom tilbage til lyset vi dig be'r
vi venter på dig her

Kunne du mærke da du slap
og faldt ned i mørkets magt
og alt blev nag og nid?

Kan du stadig mærke varmen
fra dem der ku' forbarme sig
og have reddet dig
fra dit syndefald?

DRØMMEKAGE

Jeg siger at livet
skal tages for givet
Ridderlykke
jeg har min egen hest
og det er sjovt

universet
insisterende
irriterende svær at forstå
med matematikken
som om at vand og damp og is
er tre forskellige ting

der er fotoner der har
rejst millioner måske
af kilometer
for at ramme dig og mig

hvorfor har vi
ingen helligedag
hvor vi slukker alt lyset på kloden
så vi kan se galakser
konstellationer
og mærke hvor små vi er

Jeg kan godt få ondt i min mave
når jeg spiser for meget drømmekage
men jeg har altid et stykke til gode
til når jeg får ondt i mit hoved

SIGNAL

Nu skal vi ikke længere se os tilbage
der bliver ikke givet en skid i dag

vi sidder oppe på byens tage
og venter på signal

det kommer dybt inde fra jorden
og sætter aftryk på overfladen

vi har talt om det med vores mor
og hun siger at det er helt okay

det runger i bjergene
det kommer op af havene

Jeg kan mærke vores kroppe blive tungere
ved det næste stop der tror jeg vi står af

PAPAND

Det er ikke dig der brokker
når de propper
deres maskepier
ned i halsen på dig
for du har vasket din facade
hængt skilte op på gaden
at bjørnen sover
i sin lune hule

Når tågen bliver tættere
så er det dig der sætter
dig ned og venter
på et nys
du stiller op og rapporterer
at ministerens nye klæder
blot er et bud
på en vinterkollektion

Slangen ved din barm
siger at der ingen grund er til A:larm
at det frem for alt
er kødet der skal nære
du er gemt i dine gemmer
der holder du lidt længere
når der er fare for
at blive gjort til grin

Nu kommer lyset og vil ind
du vokser ud af dit gamle skind
og ser
at du var den blinde passager
en papand
i lånte fjer

SUKKERELEFANTER
(frit efter Vashti Bunyan)

Jeg så sytten små
sukkerelefanter stå
og hvile under et nøddetræ

jeg sagde "godmorgen"
til sukkerelefanterne
men de sagde ingenting

hver havde to øjne
men de kunne ikke se mig
hver havde fire ben
men de kunne ikke bevæge sig

så sad vi bare der
en tidlig sommermorgen
før solen stod op
og fortryllet
hver især

Jeg gik hen
til én af sukkerelefanterne
og spurgte
"hvorfor siger du ikke noget"?
men han var en sukkerelefant
lavet på fabrik
en delikatesse
til kaffe og the

SÅDAN ER DET BARE

Jeg ved sådan cirka når du kommer
jeg ved med sikkerhed
når du går hjem
du er altid i bukser uden lommer
og ni minus fire
fra dine fulde fem

selv med hovedet lidt på skrå
har du svært ved at forstå
hvorfor nogen kunne finde på
at blive vegetar

du kan altid overgå
og der er nok at skide på
og kan det gå
så lad det gå
og med røven bar

men det er bare, så'n du har det
og mere, vil du ikke svar på det

Jeg ved sådan cirka hvad du taler om
jeg ved med sikkerhed at det er løgn
du fortæller altid gerne om da regnen kom
du er lidt til højre
til højre for højrefløjen

du er altid utilpas
og du mangler altid plads
et brillestel med fiberglas
du så hvad du så

du trækker altid spalteplads
fra dit svømmende palads
du kan sige at det var gas
og bare la' det stå

men det er bare, så'n du har det
og mere, vil du ikke svar på det

Du sku' ha' et kys på panden
det trænger du jo til for fanden
det er det med potten
det er det med panden
vi skal jo passe på hinanden

FREMMED

Jeg går som en skygge
gennem gaden

jeg eksisterer ikke her

jeg er revnen
i porcelænet

Du vil allerhelst være fri
for mig i dit maskineri

jeg er uregelmæssigheden

Jeg er røgen fra det lys du puste ud
jeg er lyden fra et vådeskud

Jeg er det ord du altid...

hvem er jeg?
kan du kende mig?

RÅVILDE DAGE

kys mig nu
jeg står lige her
ved siden af dig
og holder det ud
ud i en strakt arm

din længsel ud
ud af dig selv (igen)
savner at smage
den bidende kulde

løs dig nu
og fald nu ned (igen)
på de høje huses
flade tage

hold dit vejr
og tag det med
når du tager afsted
og lever tusind år

de råvilde dage
de kommer nu
saltet for smagen
der ville ud

elsk mig nu!
tag godt imod mig
jeg kommer her
for at hente dig

SLIPSEDRENGE

Nu vil vi ha' jer
jeres hoveder på fad
med svesker og æbler
og et laurbærblad

oppe på borgen
har I fået nye markiser
I hygger i skyggen
skriver replikker
til TV-Aviser

nu vil vi ha' jer
ha' jer ned
helt ned med nakken
med bøsser og hunde
og en rævepels
der kan snakke

ude i haven
har I gravet jer en tunnel
og så er I gået
gået ud af jer selv

herfra der virker I sgu ligeglade
går den så går den
eller hvad?

Slipsedrenge
over mark og enge
Slipsedrenge
I elsker jeres penge

SLUT